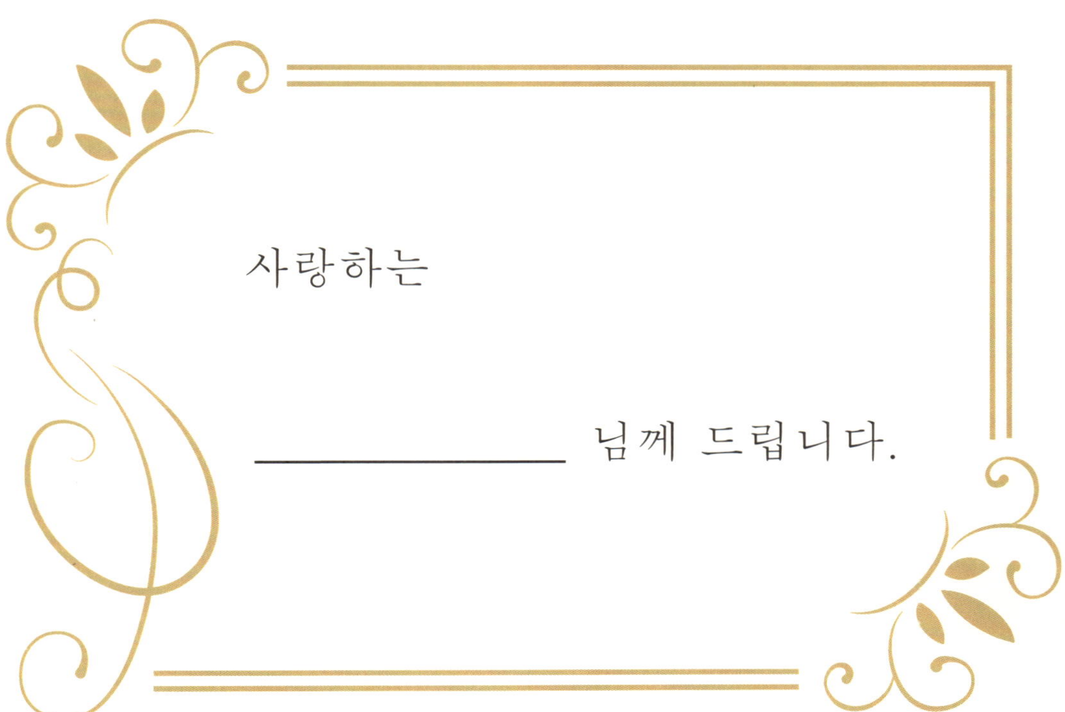
사랑하는

_____________ 님께 드립니다.

재미있는
백년 뇌 운동

이은아 박사의
치매 예방 활동북 ❹

재미있는
백년 뇌 운동

이은아 지음

내가
갖고 싶던
것들

이덴슬리벨

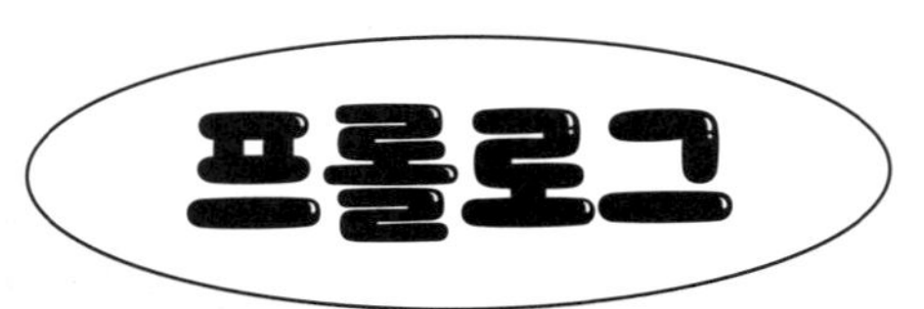

지난 25년간 진료실에서 다양한 원인으로 뇌기능이 저하된 치매 환자들의 사연을 접할 때마다, 마치 동상(冬傷)에 걸린 새끼발가락처럼 마음이 얼얼해지곤 했습니다. 신경과 의사로서 제가 할 수 있는 모든 방법을 동원해 치매 환자의 뇌기능을 회복하고, 잃어버린 삶을 다시 찾을 수 있도록 돕고 싶었습니다.

눈이 부시도록 화려하게 피어났던 꽃잎이 시들시들 지는 것처럼, 뇌세포가 쪼그라들어 기억력이 약해지고, 단어가 잘 안 떠오르고, 계산이 안 되고, 늘 익숙하게 다니던 길이 낯설게 느껴지는 치매 환자들의 뇌기능을 어떻게 하면 좋아지게 만들 수 있을까? 치매 환자들의 뇌를 깨우기 위해 끊임없이 새로운 방법을 찾고, 시도하며, 또 다른 가능성의 문을 두드려 왔습니다. 그리고 치매에 숨겨진 놀라운 비밀을 《이은아 박사의 치매를 부탁해》라는 책에 담았습니다. 우리는 지금 백 년의 삶을 누릴 수 있는 시대에 살고 있습니다. 건강하게 백년을 사는 것은 큰 축복이지만, 나이가 들어감에 따라 누구나 치매에 걸릴 수도 있습니다.

치매의 비밀 중 하나는, 치매를 예방하기 위해 너무 이른 때도, 너무 늦은 때도 없다는 것입니다. 백 년 동안 치매에 걸리지 않는 뇌를 간직하기 위해서는 미리미리 뇌를 꾸준히 자극하고 활발하게 뇌세포 운동을 해야 합니다.

이 책은 추억을 떠올리며 다양한 활동을 하는 치매 예방 워크북입니다. 치매를 예방하고 싶은 사람뿐 아니라, 아직 치매로 진행되지 않은 경도인지장애 환자분들의 뇌기능을 회복시키는 데 필요한 활동까지 모두 담았습니다.

지난 기억을 되살려 그림을 그리고, 글을 쓰고, 가족과 함께 이야기하는 시간을 통해 꾸준히 기억을 되살리는 생활 습관을 가져 보십시오. 그러면 여러분의 뇌 안에서 잠자고 있던 뇌세포가 봄꽃처럼 다시 활짝 기지개를 켜고 피어날 것입니다.

우리 뇌는 정말 신비해서 치매에 걸린다고 한꺼번에 모든 뇌세포가 죽는 것은 아닙니다. 치매로 이미 진단을 받았다 할지라도, 뇌에는 죽은 세포와 죽어가는 세포가 있고, 아직 죽지 않고 건강한 뇌세포가 있습니다. 뇌 안에 조금 손상된 뇌세포가 있어도, 나머지 뇌세포들을 지속적으로 훈련해서 뇌기능을 높여 주면, 손상된 뇌세포의 기능을 대신할 수 있습니다. 또 청년기와 중년기에 뇌세포를 꾸준히 자극하고 활용해서 뇌의 예비 용량을 늘려 놓으면, 치매에 내성이 강한 뇌를 유지할 수 있고, 심지어 치매에 걸려도 건강하게 지낼 수 있습니다. 치매를 예방하기 위해서는 여러분이 생각하는 것보다 조금 더 일찍 뇌기능을 훈련하는 습관을 갖는 것이 중요합니다.

온 가족이 함께 뇌 훈련 과정에 즐겁게 참여할 때 치매 예방에 훨씬 효과가 좋습니다. 할머니, 할아버지, 어머니, 아버지, 손주, 손녀, 가족이 모두 모여 미리미리 치매 예방을 위한 뇌 운동 활동을 하면 좋습니다. 이 활동북을 통해 여러분이 백 년 동안 건강한 뇌, 치매에서 자유로운 뇌를 가질 수 있기를 기대합니다.

끝으로 이 책이 출판될 수 있도록, 긴 시간 동안 기도와 사랑으로 옆에서 용기를 주고 지지해 준 남편 이준성 님, 딸 이지선 양, 아들 이승엽 군, 이선형, 이연옥, 부모님, 소중한 나의 가족에게 감사합니다. 그리고 치매 환자들을 함께 돌보며 '삶을 치료하는 해븐리병원'의 비전을 이루어 나가는 나의 소중한 동역자들, 박혜선 부장, 최지영 실장, 조강숙 팀장을 비롯한 모든 직원들과 해븐리 두뇌연구소 직원들, 그리고 김영숙 전도사님과 박윤환 목사님께 진심으로 감사드립니다.

제가 많은 임상 경험을 할 수 있도록, 실전에서 가르침을 주신 치매 환자들과 가족들께도 깊은 감사를 드립니다. 여러분과의 만남이, 여러분을 진료하는 시간이 제게는 더할 수 없이 기쁘고 감사한 시간이었음을 고백합니다.

신경과 전문의

신경과학 의학박사 이은아

100세 시대에 사람들이 암보다 더 두려워하는 병이 바로 치매입니다. 치매는 치료되지 않는 병이라고 생각하기 때문입니다. 이러한 잘못된 고정관념에 도전하며 25년간 진료와 연구, 제도 마련에 헌신해 온 이은아 박사를 오랫동안 지켜보았습니다. 환자에 대한 애틋한 사랑, 치료에 대한 열정, 그리고 수많은 경험을 녹여 만든 이 책은 온 가족이 함께 활용할 수 있는 패밀리 워크북이라는 점이 독특합니다. 이 책을 통해 가족 사랑을 회복할 수 있을 거라 확신합니다. 어린 손자와 손녀가 할머니 할아버지와 함께 활동북을 하는 화목한 가족의 모습을 상상해 봅니다.

_ 손기철 (헤븐리터치 미니스트리 대표, 건국대학교 명예교수)

건강한 몸을 유지하며 오래 살아가는 것은 모두의 꿈일 것입니다. 그것보다 더 중요한 것은 몸뿐만 아니라 마음까지 건강하게 오래 사는 것입니다. 이 책은 오랜 기간 동안 임상에서 환자를 진료한 생생한 경험과 전문 의학적 지식, 그리고 창의적인 진료를 하기로 소문난 해븐리 병원의 노하우가 고스란히 담겨 있습니다. 두뇌 자극에 필요한 활동을 놀이처럼 재미있게 하다 보면 어느새 기억력이 향상되어 있음을 느낄 수 있을 것입니다. 이 책이 가족이 소통하는 도구로, 뇌를 건강하게 회복시켜주는 도구로 활용될 수 있기를 바랍니다.

_ 한설희 (건국대학교병원 신경과 교수)

누구나 치매만은 피하고 싶다고 말합니다. 정부도 한때 치매와 전쟁을 선포한 적 있지요. 의사도 치매 어르신을 진료하는 것이 힘들다고 기피하는 게 현실입니다. 그러나 이은아 선생님은 치매 치료를 향한 도전을 멈추지 않았습니다. 환자의 입장에서 쉽고 재미있게 쓰이기를 바라는 마음으로 만든 이은아 선생님의 친절한 마음이 느껴집니다.

_ 박건우 (고려대학교병원 신경과 교수, 대한신경과학회 부이사장, 인지중재치료학회 초대 이사장)

엄마가 좀 이상해서 이은아 선생을 찾아갔고, 치매인 걸 알았습니다. 살아있는 한 치매는 누구도 피할 수 없는 일이기에, 노년의 삶을 미리 준비해야 합니다. 이 책은 가족이 함께할 수 있어서 참 유익합니다.

_ 양희은 (가수)

이 책은 100세 시대를 사는 요즘, 치매의 최고 전문가인 이은아 원장이 현장에서 경험하고 연구해 온 바를 대중에게 꼭 필요한 것만 골라 만든 책입니다. 치매에 걸린 환자뿐만 아니라 치매를 걱정하는 사람, 예방하기를 원하는 사람들도 쉽고 재미있게 참여해 볼 수 있습니다.

_ 김승현 (한양대학교병원 신경과 교수, 다한신경과학회 이사장)

이은아 선생님이 그동안 환자를 진료하면서 보여 주었던 것처럼, 환자에 대한 애정과 가족에 대한 배려가 듬뿍 묻어 있는 책입니다. 고령화 시대에 꼭 필요하고, 치매 예방에 큰 도움이 될 것이라 생각합니다.

_ 심영목 (삼성서울병원 초대 암병원장, 現 차의과학대학교 분당차병원 손장혈관흉부외과 교수)

이은아 원장님은 지난 25년간 진료실과 정책 현장에서 치매 환자를 위해 살아온 분입니다. 많은 분들이 원장님의 경험을 공유하여 치매에 대한 부정적인 선입견을 떨치고 뇌를 건강하게 지킬 수 있는 도구로 이 책이 사용되기를 기원합니다.

_ 고임석 (중앙치매센터 센터장, 국립중앙의료원 공공보건의료 본부장)

2019년 봄, 남의 일이라고 생각했던 일이 내게도 찾아왔습니다. 아버지의 치매 진단으로 인해 만난 이은아 선생님은 환자를 진심으로 대하는 '의사의 자세'와 '자녀의 관심과 사랑'이 치료에 꼭 필요하다는 것을 알려 주셨습니다. 덕분에 아버지는 증상이 많이 호전되어 일상생활이 가능하게 되었습니다. 다시 아버지와 순간순간을 기억하고 함께 웃을 수 있어 정말 감사합니다. 치매가 남의 일이라 생각하기보다 언젠가는 내게도 찾아올 수 있다는 마음으로 이 책을 활용할 수 있으면 좋겠습니다.

_ 박휘순 (개그맨)

이 책의 활용법

하나 이 책을 활용하여 아름다운 회상록을 만들어 보세요.

둘 즐거운 일을 기억하여 글로 적는 일은 치매를 예방하는 좋은 방법입니다. 기억 회로를 즐겁게 자극함으로써 뇌의 변연계와 편도체 부위가 활성화되고, 그 결과 뇌세포가 건강하게 작용하도록 돕는 세로토닌, 에피네프린, 아세틸콜린 같은 신경전달물질이 분비되니까요.

셋 그림의 상하좌우를 인지하고 색깔을 파악하여 똑같이 칠하는 활동은 시공간 기능을 담당하는 뇌의 두정엽 부위를 활성화시킵니다.

넷 제시된 그림과 연관된 추억을 떠올리고 가족과 함께 이야기를 나누는 활동은 언어 기능과 기억력을 담당하는 뇌의 측두엽 부위를 활성화시킵니다.

다섯 그림과 연관된 단어들을 사용하여 글을 쓰고, 아름다운 시와 글을 소리 내어 읽는 활동은 뇌세포의 운동 회로뿐 아니라, 감각 회로를 함께 자극합니다. 또한 신체 활동을 수행함으로써 우리 몸의 실행 능력을 담당하는 뇌의 전두엽 부위를 자극할 수 있습니다.

1 《재미있는 백년 뇌 운동-내가 갖고 싶던 것들》은 할머니, 할아버지, 어머ㄴ, 아버지, 손자, 손녀 등 온 가족이 함께 활용하면 더욱 효과적입니다.

2 이미 치매 진단을 받은 분들뿐만 아니라, 자꾸 깜박거리는 건망증이 생기고, 주관적 인지저하나 경도인지장애 상태에 있는 분들도 활용하면 해마와 측두엽의 뇌세포들ㅣ 강화되어 기억과 언어기능 훈련에 도움이 됩니다. 따라 그리기와 색을 채우는 과정을 통해 시공간 인지력을 담당하는 두정엽의 뇌세포들을 자극하게 됩니다. 이 책 곳곳에는 전두엽 기능을 훈련하고 변연계를 자극하는 훈련법이 포함되어 있습니다.

3 이 책은 '내가 어렸을 때 갖고 싶던 것들'을 떠올리며 기억 훈련을 할 수 있게 구성되어 있습니다. 나이에 따라 내가 갖고 싶던 것들도 조금씩 변해 갑니다. 책을 활용하여 '나의 성장기'를 기억해 보고 뇌훈련을 두루 해 볼 수 있습니다.

4 먼저 각 페이지에 활동하는 날짜를 적어 보세요. 오늘이 며칠, 무슨 요일, 지금이 아침인지 오후인지를 올바로 인식하는 능력인 시간 지남력은 매일 꾸준히 훈련해야 좋아집니다.

5 각 페이지의 왼쪽에 있는 '내가 갖고 싶던 것'의 그림을 보고, 설명을 크게 '소리 내어' 읽은 후 오른쪽 밑그림에 같은 색으로 칠해 봅니다(처음에는 같은 색깔로 칠해 보고, 두 번째는 각자 좋아하는 색으로 자유롭게 칠해도 좋습니다. 두세 번 반복해서 훈련하면 뇌기능 향상에 도움이 됩니다). 설명을 소리 내어 크게 읽는 훈련은 언어기능과 기억력, 청신경을 자극하고 기억의 리허설 회로를 훈련하여 기억력을 향상시킵니다.

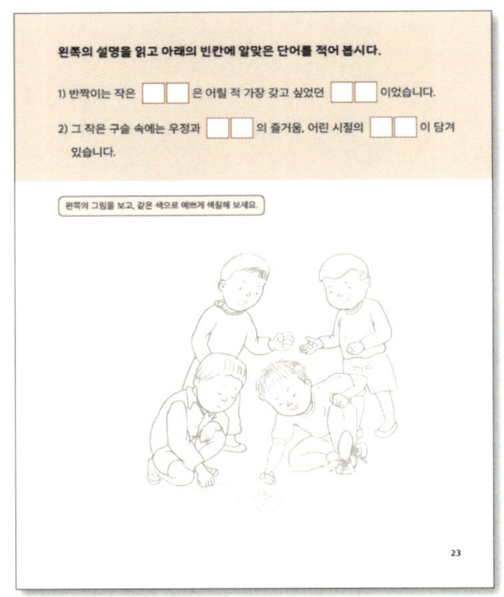

6 그림을 색칠한 후 제시된 질문의 답을 네모 칸에 적습니다. 정답은 각 페이지의 앞쪽 그림 설명문에서 찾을 수 있습니다.

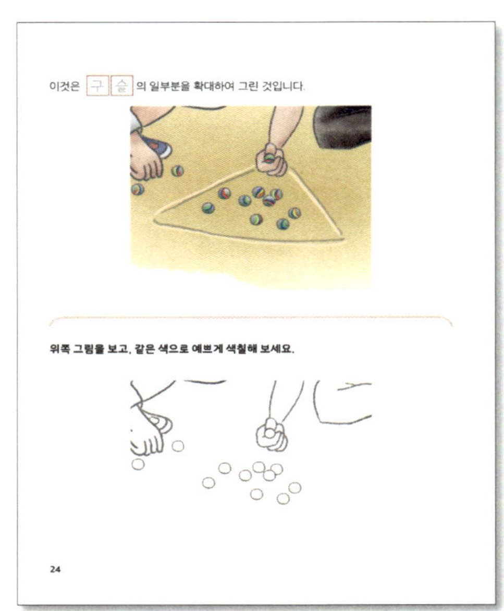

7 그림과 연관된 단어들을 사용하여 글을 쓰고, 아름다운 시와 글을 소리 내어 읽는 활동은 뇌세포의 운동 회로뿐 아니라 감각 회로를 함께 자극합니다. 또한 신체 활동을 수행함으로써 우리 몸의 실행 능력을 담당하는 전두엽을 효과적으로 자극할 수 있습니다.

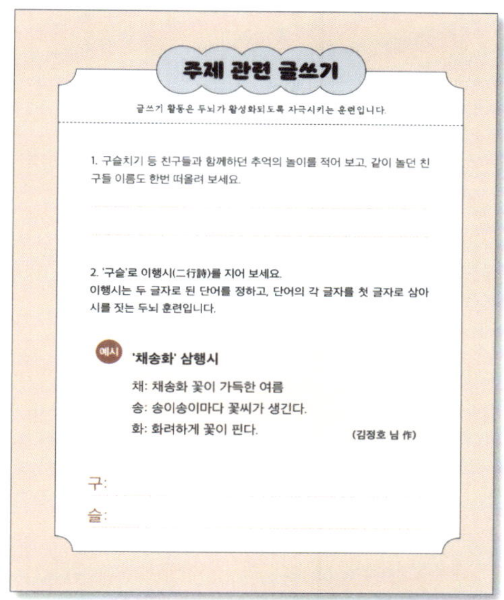

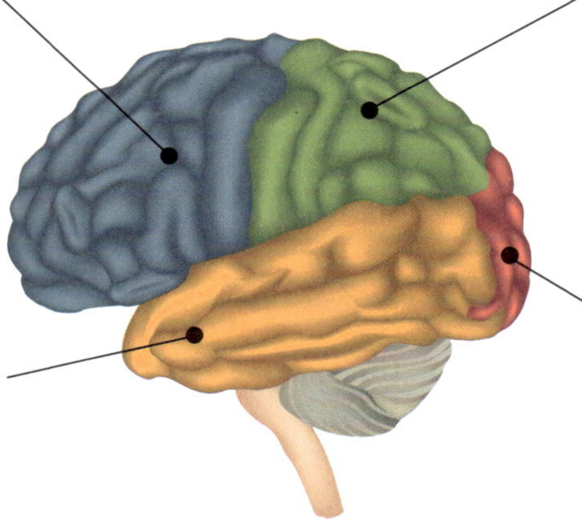

전두엽
행동, 계획, 감정, 성격, 기억 인출 기능을 담당하는 뇌 영역
손으로 직접 색을 칠하는 과정과 순서를 결정하는 훈련을 통해 전두엽에 있는 뇌세포가 자극됩니다.

측두엽
기억력 및 언어 기능을 담당하는 뇌 영역
그림에 관련된 추억을 이야기하고, 글로 써 보는 훈련을 통해 측두엽에 있는 뇌세포를 자극합니다.

두정엽
공간 개념, 방향, 의치 기억을 담당하는 뇌 영역
그림을 그리는 과정에서 공간 기능과 방향, 위치 인식을 통해 두정엽에 있는 뇌세포가 자극됩니다.

후두엽
시(視) 인지 기능을 담당하는 뇌 영역
그림을 눈으로 보고 인지할 때 후두엽에 있는 뇌세포가 자극됩니다.

8 '기억력 다지기'와 '생각 이어 가기', '주제 관련 글쓰기' 페이지에서는 앞에 그린 사물의 이름을 기억해 보고, 어렸을 때 갖고 싶던 것들에 대한 추억도 떠올려 봅니다.

9 어렸을 때 갖고 싶던 것들에 대한 소망과 즐거웠던 추억을 회상하며 색칠하기, 시 암송, 글짓기, 가족 또는 친구들과 이야기 나누기 등 다양한 활동을 합니다. 그 결과, 뇌의 감정 회로인 편도체가 자극받아 기억력이 향상될 것입니다. 《재미있는 백년 뇌 운동–내가 갖고 싶던 것들》은 여러분의 뇌가 더 건강해지도록 훈련하는 데 도움이 될 것입니다.

> **편도체**
> 뇌의 변연계 일부로 우리의 감정을 주관하며, 해마와 붙어 있어 기억력을 향상시키는 촉진제 같은 역할을 합니다.

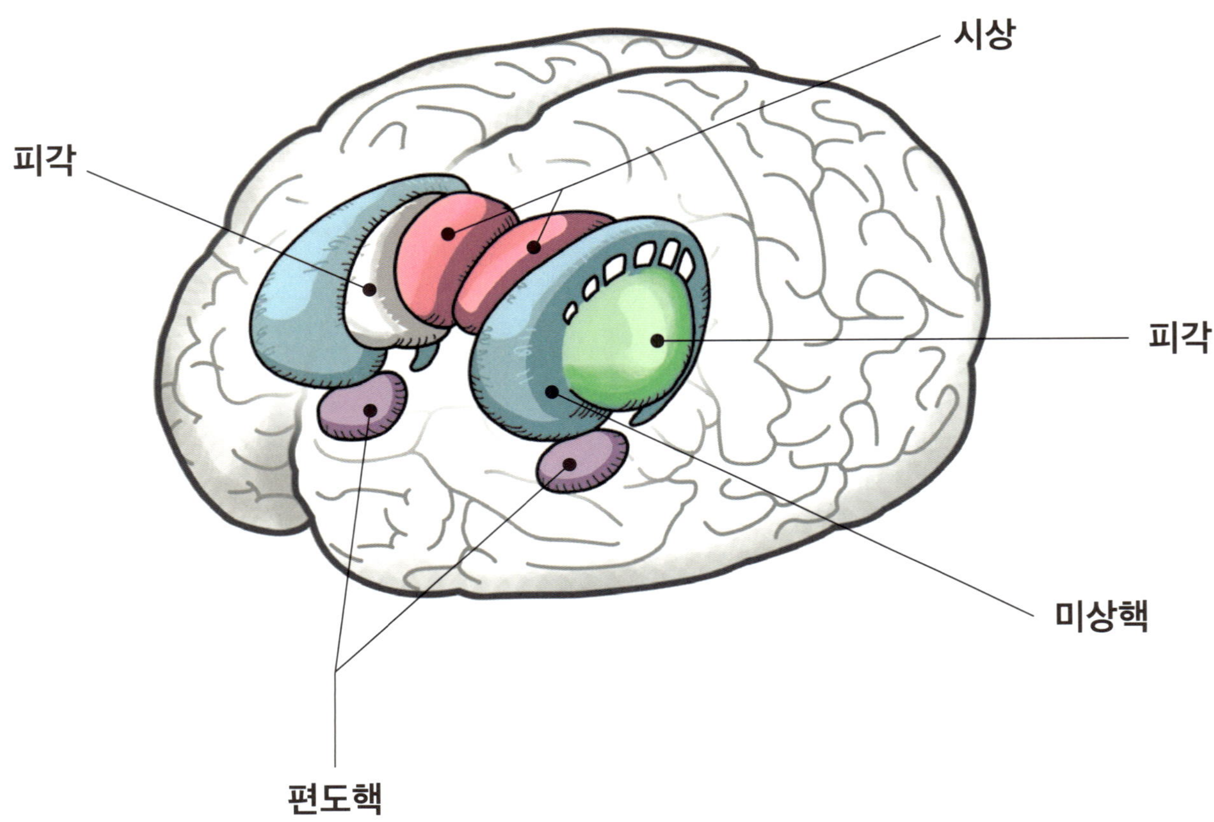

목차

1. 사탕과 젤리

어릴 적 가장 먹고 싶던 것이 무엇이었나요?

내가 어릴 적 아이들에게 **사탕**과 **젤리**는 그야말로 '꿈같은 간식'이었습니다.

형형색색 달콤한 사탕과 젤리는 세상에서 가장 큰 선물처럼 느껴졌지요.

그 시절, 사탕과 젤리에는 우리의 **웃음**과 **소망**이 담겨 있었답니다.

왼쪽의 설명을 읽고 아래의 빈칸에 알맞은 단어를 적어 봅시다.

1) 아이들에게 ☐☐ 과 ☐☐ 는 '꿈같은 간식'이었습니다.

2) 그 시절, 사탕과 젤리에는 우리의 ☐☐ 과 ☐☐ 이 담겨 있었답니다.

이것은 사 탕 과 젤 리 의 일부분을 확대하여 그린 것입니다.

위쪽 그림을 보고, 같은 색으로 예쁘게 색칠해 보세요.

글쓰기 활동은 두뇌가 활성화되도록 자극시키는 훈련입니다.

1. 어렸을 때, 즐겨 먹던 간식이 있었나요? 또는 어렸을 때 먹고 싶던 간식을 떠올려 적어 보세요.

2. 어린 시절 달콤한 사탕과 젤리를 먹었을 때 기분은 어땠나요? 고사리손에 한가득 쥔 동전과 바꿔 온 사탕을 집어 들던 순간을 떠올려 보세요.

○ 그 시절 추억의 사탕 광고 노래입니다. 광고 노래의 2절 가사를 직접 지어 보세요.

줄줄이 사탕 CM송

아빠 오실 때 줄줄이
엄마 오실 때 줄줄이
우리들은 오리온 줄줄이 사탕
(나는 먹고 싶은 거야)

내 인생에서 가장 기억에 남는 일들을 나이대별로 적어 보세요.

유년기

청년기

중년기

노년기

아직 노년기에 접어 들지 않았다면, 노년기에 해 보고 싶은 일을 적어 보세요.

2. 구슬

반짝이는 작은 **구슬**은 어릴 적 가장 갖고 싶던 **보석**이었습니다.

주머니 속에 구슬을 가득 넣으면 마치 임금님이 된 듯한 행복을 느꼈지요.

친구들과 땅바닥에 원을 그려 놓고 겨루던 순간은 늘 흥미진진했습니다.

그 작은 구슬 속에는 우정과 **놀이**의 즐거움, 어린 시절의 **추억**이 가득 담겨 있습니다.

왼쪽의 설명을 읽고 아래의 빈칸에 알맞은 단어를 적어 봅시다.

1) 반짝이는 작은 ☐☐ 은 어릴 적 가장 갖고 싶던 ☐☐ 이었습니다.

2) 그 작은 구슬 속에는 우정과 ☐☐ 의 즐거움, 어린 시절의 ☐☐ 이 가득
  담겨 있습니다.

왼쪽의 그림을 보고, 같은 색으로 예쁘게 색칠해 보세요.

이것은 구 슬 의 일부분을 확대하여 그린 것입니다.

위쪽 그림을 보고, 같은 색으로 예쁘게 색칠해 보세요.

글쓰기 활동은 두뇌가 활성화되도록 자극시키는 훈련입니다.

---

1. 구슬치기 등 친구들과 함께하던 추억의 놀이를 적어 보고, 같이 놀던 친구들 이름도 한번 떠올려 보세요.

2. '구슬'로 이행시(二行詩)를 지어 보세요.
이행시는 두 글자로 된 단어를 정하고, 단어의 각 글자를 첫 글자로 삼아 시를 짓는 두뇌 훈련입니다.

예시 **'채송화' 삼행시**

채: 채송화 꽃이 가득한 여름
송: 송이송이마다 꽃씨가 생긴다.
화: 화려하게 꽃이 핀다.

(김정호 님 作)

구:

슬:

기억력 다지기

- **앞쪽 그림(24쪽) 속에 몇 개의 구슬이 있었나요?** ⬚ 개
- **그림(22쪽) 속에서 구슬치기를 하는 아이는 몇 명인가요?** ⬚ 명

- **아래의 단어를 차례로 소리 내어 읽어 보고, 질문에 답해 보세요.**

구슬	의자	자전거
신발	아이	모자
손	컵	안경

1. 위의 단어 중에 앞쪽 그림(22쪽)에서 찾을 수 있는 것을 동그라미 쳐 보세요.

2. 구슬로 홀짝 놀이를 해 봅시다.

내 주먹에 구슬을 쥔 채, '홀' 이라고 외쳤을 때 상대방의 주먹에 홀수의 구슬이 들어 있으면, 내가 상대방의 구슬을 내 주먹에 있던 개수만큼 가져올 수 있습니다. 내가 '홀'이라고 외쳤는데 상대방의 주먹에 짝수의 구슬이 들어 있으면, 상대방이 내 주먹에 있는 구슬을 가져가게 됩니다. 가족 혹은 친구들과 함께 구슬 홀짝 놀이를 해 보세요. 계산을 담당하는 두정엽의 기능을 높이는 데 도움이 됩니다.

다음 글자를 소리 내어 읽고 빈칸에 들어갈 수 있는
공통된 글자를 적어 보세요.

보기

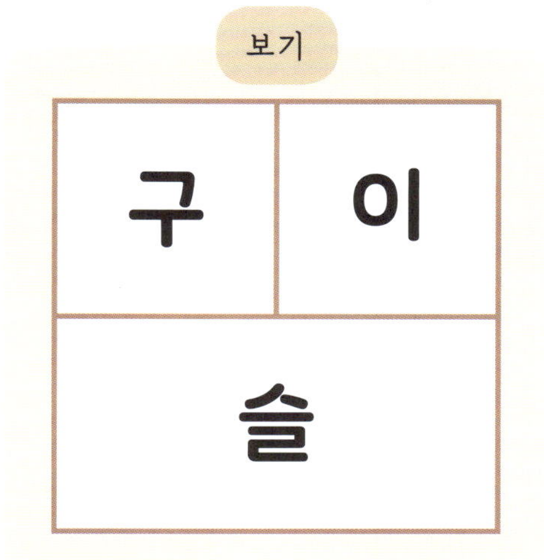

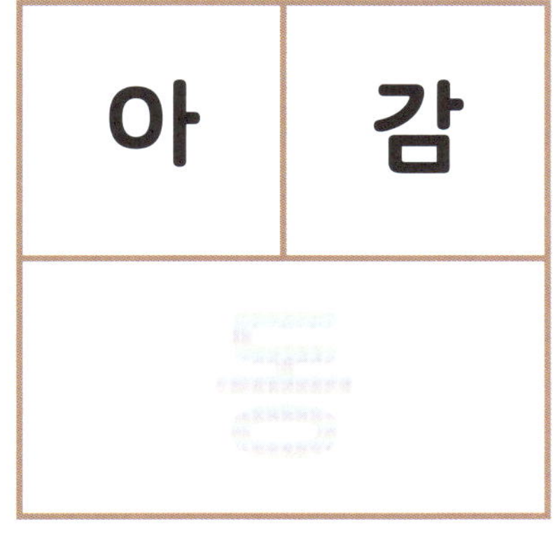

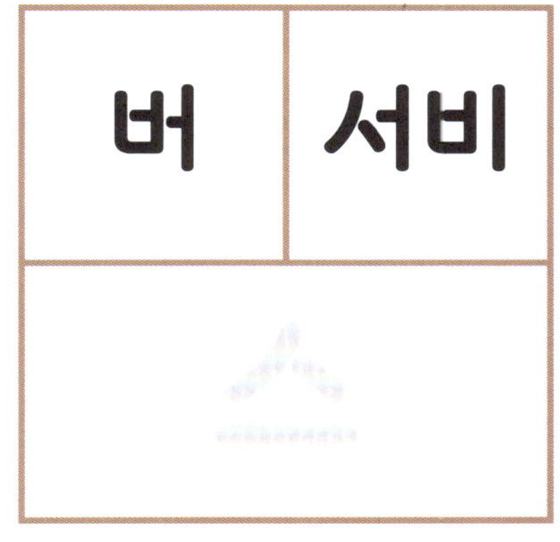

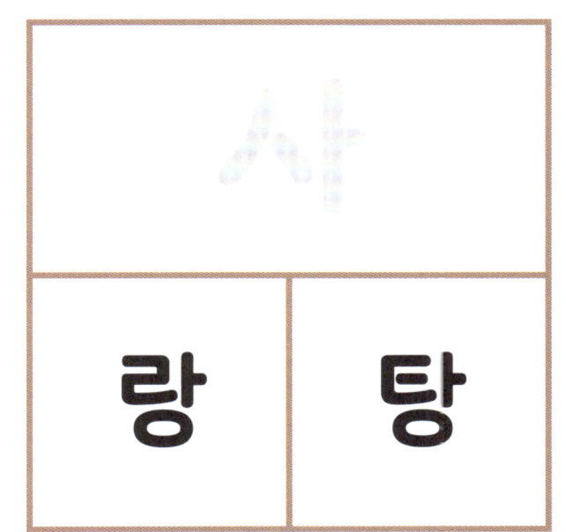

3. 통닭

어릴 적, **통닭**은 가장 먹고 싶은 **음식**이었어요.
시장에서 엄마 손을 잡고 걸을 때, 고소한 냄새를 맡으면 마음이 흔들렸지요.
아버지가 퇴근길에 종이 봉투에 담아 오시던 통닭은 큰 기쁨이었어요.
통닭에는 **맛**과 추억, 우리 가족의 **따뜻한 정**이 담겨 있었답니다.

왼쪽의 설명을 읽고 아래의 빈칸에 알맞은 단어를 적어 봅시다.

1) 어릴 적, ☐☐ 은 가장 먹고 싶은 ☐☐ 이었어요.

2) 통닭에는 ☐ 과 추억, 우리 가족의 ☐☐☐ ☐ 이 담겨 있었답니다.

시장을 걸을 때 풍겨 오던 통 닭 튀기는 냄새를 떠올려 보세요.

위쪽 그림을 보고, 같은 색으로 예쁘게 색칠해 보세요.

글쓰기 활동은 두뇌가 활성화되도록 자극시키는 훈련입니다.

1. 어떤 특별한 날에 통닭을 먹었나요?
   (예: 아버지 월급날, 명절, 특별한 손님이 오셨을 때 등)

나는 통닭을 ________________________ 때 먹을 수 있었습니다.

2. 통닭을 먹던 날의 분위기나 가족들의 반응은 어땠는지 적어 보세요.

3. 통닭과 관련해 가장 기억에 남는 일은 무엇인가요?

4. 요즘 치킨과 어릴 적 통닭을 비교하면 어떤 생각이 드나요?

○ **아래 그림에서 숨겨진 사물을 찾아보세요.**

모자, 국자, 컵, 연필, 망치

사랑스런 추억

윤동주

봄이 오던 아침, 서울 어느 쪼그만 정거장에서
희망과 사랑처럼 기차를 기다려,

비둘기 한 떼가 부끄러울 것도 없이
나래 속을 속, 속, 햇빛에 비춰, 날았다.

기차는 아무 새로운 소식도 없이
나를 멀리 실어다 주어,

봄은 다 가고—동경교외 어느 조용한
하숙방에서, 옛거리에 남은 나를 희망과
사랑처럼 그리워한다.

오늘도 기차는 몇 번이나 무의미하게 지나가고,
오늘도 나는 누구를 기다려 정거장 가까운
언덕에서 서성거릴게다.

—아아 젊음은 오래 거기 남아 있거라.

1. 시를 큰 소리로 낭독해 봅시다.

1회 낭독할 때마다 아래 칸에 ○표시해 주세요.

1회 [ ]　　2회 [ ]　　3회 [ ]

2. 어린 시절의 사랑스러운 추억이 있나요? 마음에 남아 있는 장면을 떠올려 적어 보세요.

4. 아이스케키

무더운 **여름날**, 신작로를 스치는 뜨거운 **바람**에 이마가 금세 땀으로 젖었습니다.

그때 아이스박스를 들고 다니던 하드 아저씨가 골목마다 나타났지요.

"**아이스께~끼~**" 하고 외치는 소리는 **얼음** 창고처럼 시원했습니다.

그 순간, 아이스케키는 더위를 잊게 해 주는 최고의 선물이었습니다.

왼쪽의 설명을 읽고 아래의 빈칸에 알맞은 단어를 적어 봅시다.

1) 무더운 ☐☐☐ , 신작로를 스치는 뜨거운 ☐☐ 에 이마가 금세 땀으로 젖었습니다.

2) " ☐☐☐☐ ~ ☐ ~" 하고 외치는 소리는 ☐☐ ☐☐ 처럼 시원했습니다.

어릴 적 아 이 스 케 키 는 더위를 식혀 주는 가장 특별한 맛이었습니다.

위쪽 그림을 보고, 같은 색으로 예쁘게 색칠해 보세요.

글쓰기 활동은 두뇌가 활성화되도록 자극시키는 훈련입니다.

1. 처음 아이스케키를 먹었던 기억을 떠올려 적어 보세요.
맛, 소리, 장소 같은 감각의 기억을 함께 적으면 더 좋습니다.
그에 관해 가족이나 친구와 대화를 나누면 뇌에도 자극이 됩니다.

2. 그 시절 아이스케키 가격은 얼마였나요?

3. 내가 가장 좋아하던 아이스케키의 맛과 제품은 무엇이었나요? 지금 즐겨 먹는 아이스크림과 비교해 적어 보세요.

○ **아이스케키 가격을 계산해 봅시다.**

900원	7,500원	700원	600원	1,140원	2,500원

1. 송송이와 재롱이는 친구들과 생일 파티를 하려고 메로나 2개, 투게더 아이스크림 1개, 월드콘 3개를 구입했습니다. 얼마를 내야 할까요?

메로나	원	×	개	=	원
투게더	원	×	개	=	원
월드콘	원	×	개	=	원
= 총		원			

2. 송송이가 갑자기 마음이 바뀌어서 투게더 아이스크림을 빼고 비비빅 4개를 사기로 했습니다. 총 얼마를 내야 할까요?

= 총		원			
− (투게더 아이스크림		원)	=		원
+ 비비빅	원	×	개	=	원
= 총		원			

글자판에서 단어 찾기
아래 글자판에서 다음 단어들을 찾아 동그라미 쳐 보세요.

자전거, 사탕, 텔레비전, 아이스케키, 사진기, 책가방

소	주	학	통	화	아	이
자	아	이	스	케	키	기
두	전	기	사	솔	통	선
책	명	텔	레	비	전	닭
가	사	탕	유	정	림	텔
방	진	무	비	자	전	거
난	기	행	정	실	슬	비

5. 구두

빨간 구두, 분홍 **구두**, 반짝이는 구두는 어린 시절 내가 가장 갖고 싶던 **신발**이었지요.

엄마가 사 준 구두를 신고 학교에 갈 때면 **마음**이 설렜습니다.

행여 흙이 묻을까, 비가 올까 조심조심 사뿐사뿐 걸었지요.

내 기억 속 구두는 나를 특별하게 만들어 주는 소중한 존재였습니다.

왼쪽의 설명을 읽고 아래의 빈칸에 알맞은 단어를 적어 봅시다.

1) 빨간 구두, 분홍 ☐☐, 반짝이는 구두는 어린 시절 내가 가장 갖고 싶던 ☐☐

   이었지요.

2) ☐☐ 가 사 준 구두를 신고 학교에 갈 때면 ☐☐ 이 설렜습니다.

어릴 적 <u>분</u> <u>홍</u> <u>구</u> <u>두</u> 는 나를 빛나게 하는 가장 특별한 신발이었습니다.

위쪽 그림을 보고, 같은 색으로 예쁘게 색칠해 보세요.

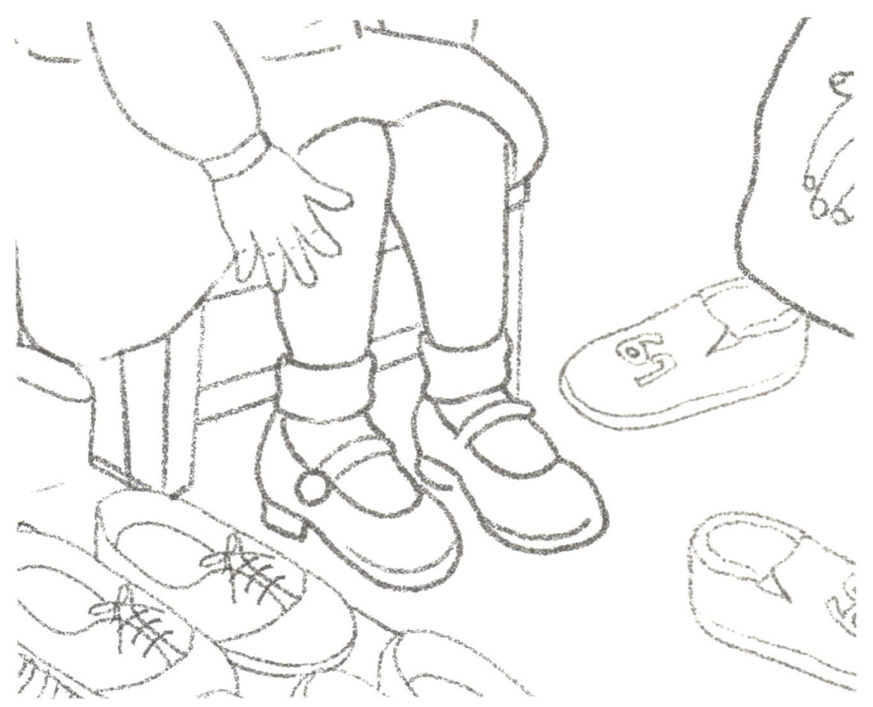

글쓰기 활동은 두뇌가 활성화되도록 자극시키는 훈련입니다.

1. 처음으로 구두를 신고 특별한 자리에 갔던 날을 기억하나요?
또는 자녀나 가족이 새로운 일을 시작하던 날을 떠올려 적어 보세요.

2. 첫 월급을 받은 날 혹은 특별한 날에 구입했거나 받았던 물건이 있다면
기록해 보세요.

○ 어릴 적 가장 갖고 싶던 구두와 신발은 어떤 색이었나요?

○ 새 구두를 처음 신었던 날은 언제였나요? (예: 입학식, 명절, 결혼식 등)

○ 구두를 신고 걷던 길이나 장소를 떠올려 보세요. 그때 주변에는 무엇이 보였나요?

○ 구두가 닳거나 망가졌을 때 어떤 기분이 들었나요?

어린 시절, 청년 시절, 지금까지의 삶에서 가장 행복했던 일을 적어 보세요.

시기	가장 행복했던 일
예시) 20대	우리 아들(또는 딸)이 세상에 태어나 처음 마주한 순간이 내 삶에서 가장 행복했다.
어린 시절	
학창 시절	
20대	
30대	
40대	
50대	
~ 현재	

구두의 기억

(이은아 作)

아래의 시를 소리 내어 읽어 보세요. 소리 내어 글을 읽는 훈련은 언어와 청각기능을 담당하는 측두엽과 전두엽 기능을 향상시킵니다.

빨간 구두 한 켤레,
첫사랑처럼 두근거리던 날의 기억.
학교 가는 길, 비에 젖을까 흙에 묻을까
조심조심 걸었던 그 발자국.

빨간 구두 한 켤레,
저녁 노을빛에 물들어

아가씨의 발끝마다
설레는 꿈을 싣고 걸어가던 기억.

그 기억의 숨결 위에서,
나는 또 다른 내일을 걸어갑니다.

6. 자동차 장난감

자동차 장난감은 어릴 적 손안의 작은 세상이었습니다.
'부릉부릉' 소리를 내며 달릴 때면 우리는 모험의 주인공이 되었지요.
그 자동차는 소중한 보물이었고, 언젠가 진짜 차를 몰고 싶다는 꿈을 키워 주었습니다.
작은 자동차 장난감은 마음속에 상상의 나래를 펴는 날개였습니다.

왼쪽의 설명을 읽고 아래의 빈칸에 알맞은 단어를 적어 봅시다.

1) ☐☐☐ 장난감은 어릴 적 손안의 작은 ☐☐ 이었습니다.

2) 작은 자동차 ☐☐☐ 은 마음속에 ☐☐ 의 나래를 펴는 ☐☐ 였습
니다.

어릴 적, 장난감 자동차(미니카)는 가장 갖고 싶던 보물이었습니다.

스프링으로 달리는 작은 ☐☐☐ 는 아이들의 자랑이자 꿈이었지요.

1번부터 순서대로 선을 긋고,
같은 색으로 예쁘게 색칠해 보세요.

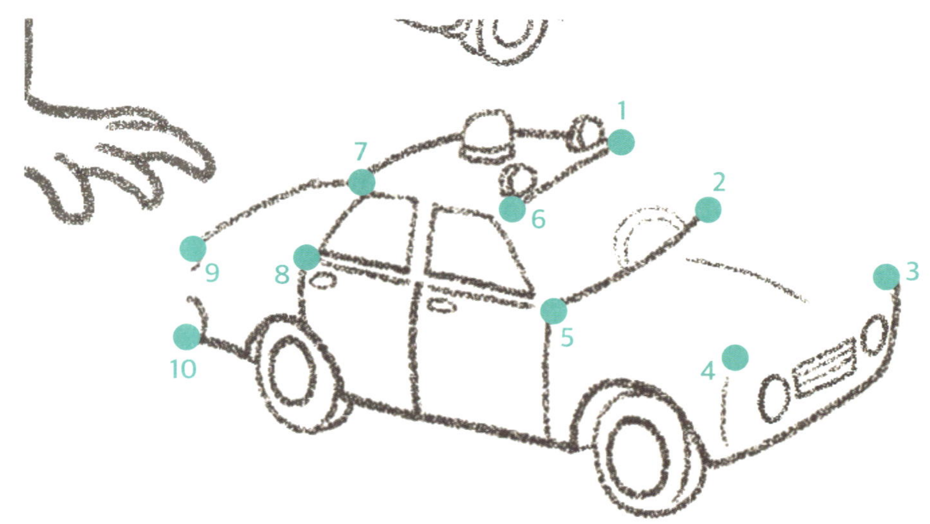

글쓰기 활동은 두뇌가 활성화되도록 자극시키는 훈련입니다.

1. 다음 단어 중 장난감에 해당하는 것을 동그라미 쳐 보세요.

구슬	사탕	딱지
통닭	팽이	구두
인형	장난감 자동차	안경

2. 어린 시절, 가장 갖고 싶던 장난감은 무엇이었나요?
특별히 좋아했던 놀잇감이나 물건을 떠올리고, 그와 관련된 즐거운 기억
을 적어 보세요.

○ 46쪽 그림에서 자동차는 몇 대인가요?　　　　　　　　☐ 대

○ 46쪽 그림에서 자동차 놀이를 하는 아이는 몇 명인가요?　☐ 명

○ 성인이 된 후, 처음 구입했던 자동차를 기억하나요?
그 자동차가 어떤 모습이었는지 그림으로 표현해 보세요.

○ 나의 첫 자동차와 관련된 특별한 추억이 있나요?
기억나는 이야기를 짧게 적어 보세요.

아래의 단어를 차례로 소리 내어 읽어 보고, 질문에 답해 보세요.

자동차	나비	지하철	사과
배	가위	버스	안경
감자	비행기	기차	신발

1. 위에 제시된 단어들 가운데, 탈것(운송 수단)은 무엇인가요?

2. 자동차의 바퀴는 ☐ 개입니다. 46쪽 그림에 나온 자동차는 ☐ 대였습니다. 그렇다면 그림에 나온 자동차 바퀴는 총 몇 개일까요?

____ 개 + ____ 개 + ____ 개 = ____ 개

3. 자동차가 생긴다면, 가장 가고 싶은 곳은 어디인가요?

7. 자전거

어릴 적, **자전거**는 **자유**롭게 세상을 누비게 해 주는 소중한 꿈이었습니다.

두 발로 페달을 밟으며 처음 균형을 잡던 순간의 설렘은 잊을 수 없지요.

넘어지면서도 다시 일어나 배우던 그 시간은 작은 도전이었습니다.

자전거는 어린 날의 **모험**이자 자유의 **상징**이었습니다.

왼쪽의 설명을 읽고 아래의 빈칸에 알맞은 단어를 적어 봅시다.

1) 어릴 적, ☐☐☐ 는 ☐☐ 롭게 세상을 누비게 해 주는 소중한 꿈이었
   습니다.

2) 자전거는 어린 날의 ☐☐ 이자 자유의 ☐☐ 이었습니다.

자 전 거 는 아이들이 가장 갖고 싶어 하던 물건이었습니다.

행여 언니와 오빠에게 뺏길까 봐, 자전거 손잡이를 꽉 잡고 놓지 않았지요.

요일을 따라 선을 연결해 보고,
같은 색으로 예쁘게 색칠해 보세요.

글쓰기 활동은 두뇌가 활성화되도록 자극시키는 훈련입니다.

1. 처음 자전거를 배우던 날의 풍경은 어땠나요?
누가 가르쳐 주었고, 어디에서 배웠는지 떠올려 보세요. 넘어지고 다쳤던
순간이나, 마침내 성공했을 때의 짜릿한 기분도 함께 적어 보세요.

2. 어린 시절, 자전거를 타고 주로 어디를 돌아다녔나요?
친구와 함께 갔던 곳, 심부름하던 길, 혼자 찾은 비밀 장소 등 기억나는 곳
을 적어 보세요.

○ **"따르릉 따르릉 비켜나세요, 자전거가 나갑니다 따르르릉"**
  이 동요를 불러 본 적이 있나요? 자전거 노래를 큰 소리로 부르면서, 달리던
  기억을 떠올려 보세요.

1회 노래할 때마다 아래 칸에 ○표시해 주세요.

1회 ☐   2회 ☐   3회 ☐

○ **자녀가 처음으로 자전거를 타던 날이 기억나나요?**
  그날 당신의 마음은 어떠했나요?

'자전거'로 삼행시(三行詩)를 지어 보세요.
삼행시는 세 글자로 된 단어의 각 글자를 첫 글자로 삼아
시를 짓는 두뇌 훈련입니다.

 **'나그네' 삼행시**

나: 나 홀로 길 위에 서서

그: 그리운 마음을 바람에 싣고

네: 내일을 향해 사뿐사뿐 걸어갑니다

자:

전:

거:

8. 무선 조정 비행기

어릴 적에는 **비행기**를 한번 타 보는 것이 큰 **소원**이었습니다.

무선 조정 비행기는 그 소원을 싣고 하늘을 나는 신기한 장난감이었지요.

그 작은 비행기 속에는 **호기심**과 산 너머, **하늘** 너머 또 다른 세계를 꿈꾸는 마음이 담겨 있었습니다.

왼쪽의 설명을 읽고 아래의 빈칸에 알맞은 단어를 적어 봅시다.

1) 어릴 적에는 ☐☐☐ 를 한번 타 보는 것이 큰 ☐☐ 이었습니다.

2) 그 작은 비행기 속에는 ☐☐☐ 과 산 너머, ☐☐ 너머 또 다른 세계를
   꿈꾸는 마음이 담겨 있었습니다.

왼쪽의 그림을 보고,
같은 색으로 예쁘게 색칠해 보세요.

무선 조정 비행기는 아이들의 소원을 싣고 하늘을 나는 신기한 장난감이었지요.

위쪽 그림을 보고, 같은 색으로 예쁘게 색칠해 보세요.

주제 관련 글쓰기

글쓰기 활동은 두뇌가 활성화되도록 자극시키는 훈련입니다.

1. 어린 시절, 비행기와 관련해 특별히 기억나는 일이 있나요?
'커서 비행기 조종사가 되고 싶어'라거나 '하늘을 자유롭게 날아 보고 싶어'
라는 생각을 한 적이 있다면 적어 보세요.

2. 비행기를 처음 보았을 때, 어떤 기분이었나요?
놀라웠는지, 신기했는지, 혹은 가슴이 두근거렸는지 떠올려 보세요.

○ 하늘에서 볼 수 있는 것들을 적어 보세요.

○ 왼쪽의 그림을 보고, 오른쪽 그림에서 계절에 맞는 단어를 이어가며 비행기를 예쁘게 색칠해 보세요.

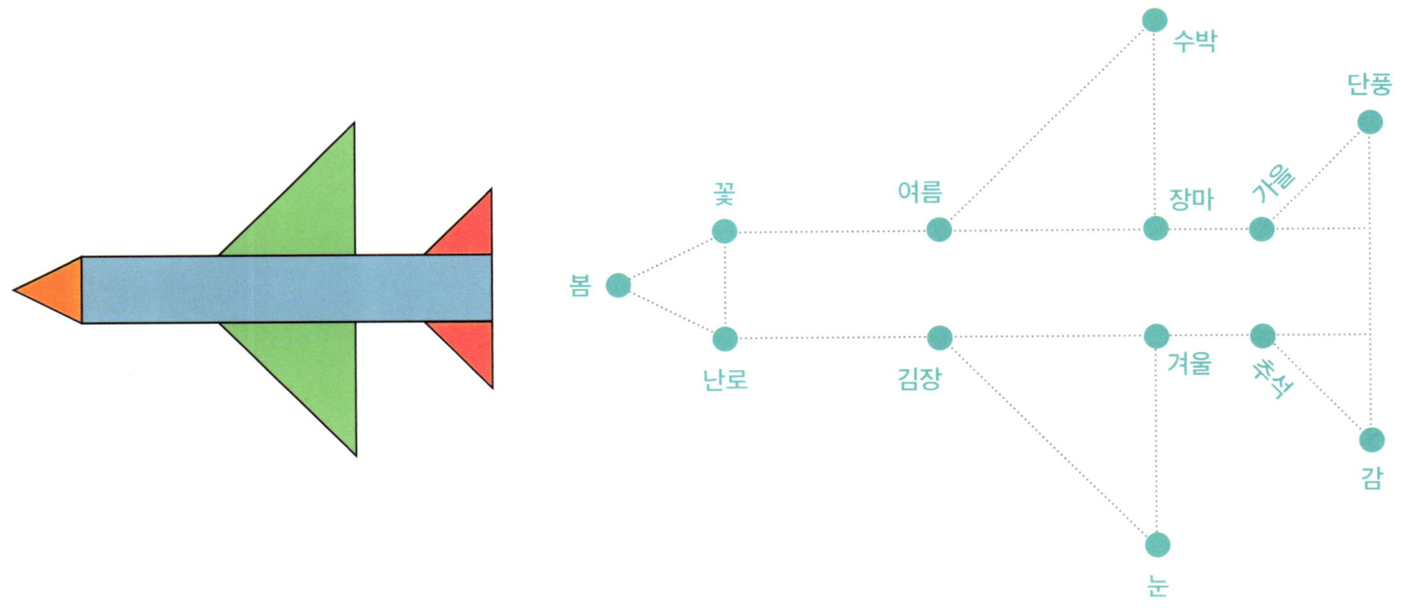

**가족 여행에서 찍은 사진을 붙여 보고,
그때의 기억을 떠올리며 짧은 글을 적어 보세요.**

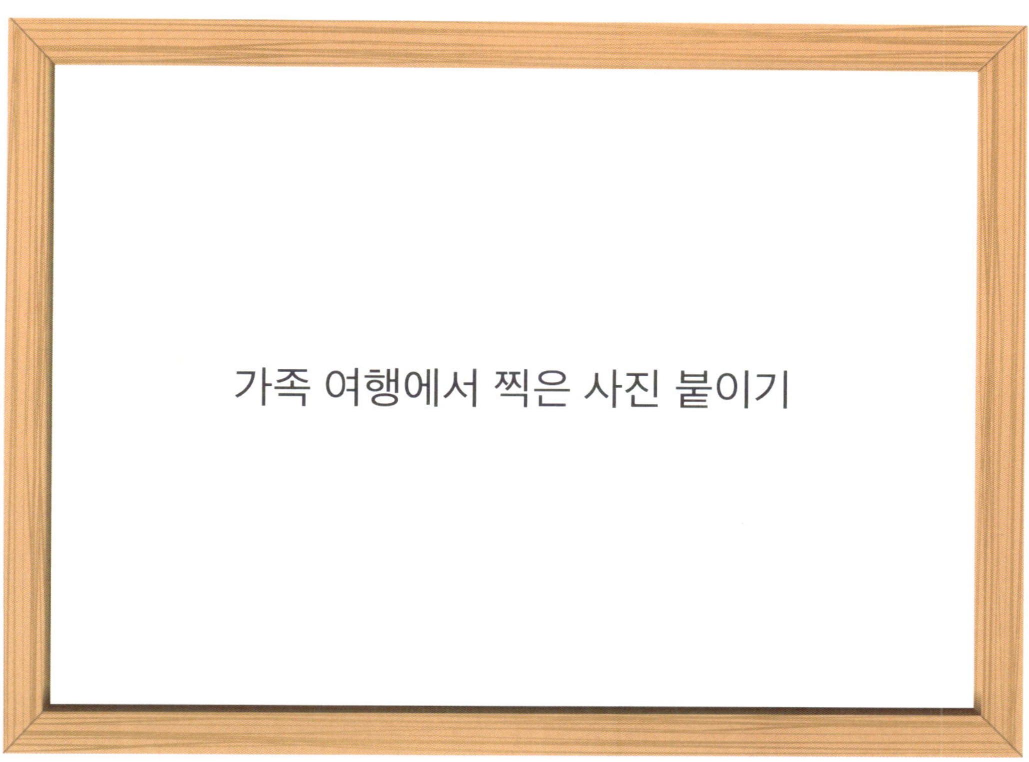

이 사진은 내가 ________________ 살 때(쯤)

________________________________ 에 여행 가서 찍은 사진입니다.

함께 사진을 찍은 사람은

____ 입니다.

나는 ________________________ 를 타고 여행 가서,

기분이 ________________________________ 습니다.

9. 책가방

책보를 둘러메고 신작로를 타박타박 걸어 **학교**에 갔습니다.
길가 코스모스 사이로 그 시절 어른들이 자주 하던 말, "배워야 산다"가 귓가에 맴돌았
습니다. 친구들과 종알종알 이야기를 나누며 걷던 길에, 예쁜 책가방을 멘 친구가 무척
부러웠지요. 그 시절, **책가방**은 우리 모두의 큰 **희망**이었습니다.

왼쪽의 설명을 읽고 아래의 빈칸에 알맞은 단어를 적어 봅시다.

1) ☐☐ 를 둘러메고 신작로를 타박타박 걸어 ☐☐ 에 갔습니다.

2) 그 시절, ☐☐☐ 은 우리 모두의 큰 ☐☐ 이었습니다.

친구들과 종알종알 이야기를 나누며 걷던 길에, 예쁜 책가방을 멘 친구가 무척 부러웠지요.

이것은 □□□ 입니다.

위쪽 그림을 보고,
같은 색으로 예쁘게 색칠해 보세요.

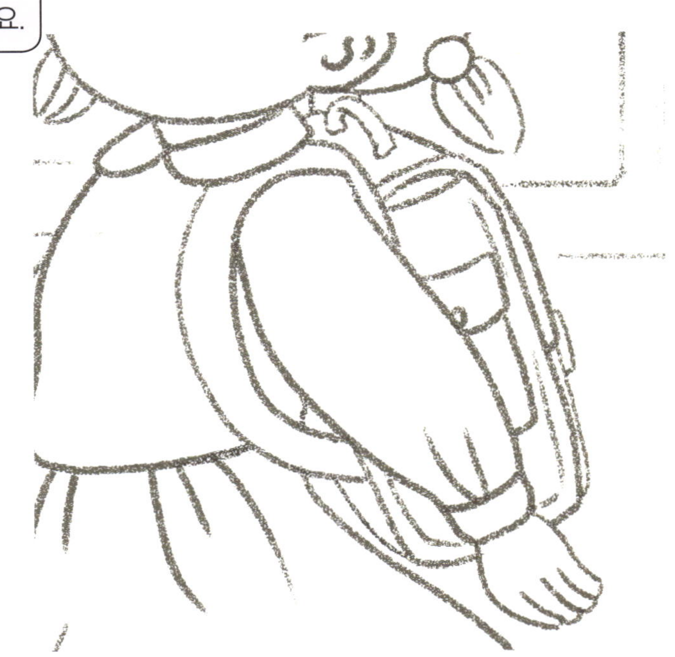

글쓰기 활동은 두뇌가 활성화되도록 자극시키는 훈련입니다.

어린 시절, 책보를 사용해 본 적이 있나요?
책가방을 처음 가졌을 때의 기분과, 책가방 안에 주로 넣고 다녔던 물건들
을 함께 적어 보세요.

○ **학창 시절에 함께했던 물건과 추억들입니다.**
  서로 연관 있는 것끼리 짝지어 보세요.

칠판 ●

● 성적표

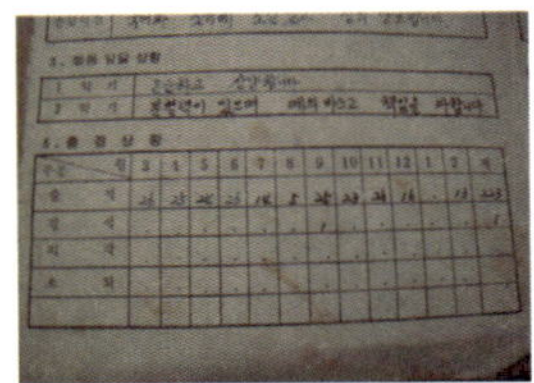

책 ●

● 분필

도시락 ●

● 책가방

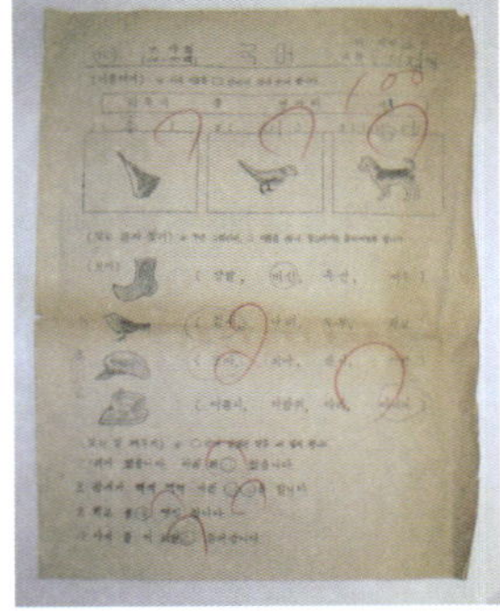

시험 ●

● 난로

학창 시절

(이은아 作)

이른 아침 종소리에 맞춰

책가방을 메고 골목길을 걸었습니다.

칠판 위 분필 소리,

창밖에 흔들리던 코스모스,

친구들과 나누던 웃음이

교실을 가득 채웠습니다.

세월이 흘러도 선명한,

친구들과의 학창 시절.

---

1. 시를 소리 내어 읽어 보세요.

1회 낭독할 때마다 아래 칸에 ○표시해 주세요.

1회 ☐ 2회 ☐ 3회 ☐

2. 학창 시절을 돌아볼 때, 기억나는 선생님이나 친구가 있나요?
그분들에게 마음을 담아 편지를 써 보세요.

10. 텔레비전

어릴 적 **텔레비전**은 한 마을에 한두 집에만 있는 **귀한 물건**이었습니다.

작은 **상자** 안에서 노래와 코미디, 운동 경기를 볼 수 있다는 건 마치 **마법**과 같았지요.

온 동네 사람들이 이장님 댁 마당에 모여 발전기로 돌리는 텔레비전을 함께 보곤 했습니다.

그 시절 아이들이 가장 갖고 싶던 물건은 바로 텔레비전이었습니다.

왼쪽의 설명을 읽고 아래의 빈칸에 알맞은 단어를 적어 봅시다.

1) 어릴 적 ☐☐☐☐ 은 한 마을에 한두 집에만 있는 ☐☐ ☐☐ 이었습니다.

2) 작은 ☐☐ 안에서 노래와 코미디, 운동 경기를 볼 수 있다는 건 마치 ☐☐ 과 같았지요.

> 왼쪽의 그림을 보고,
> 같은 색으로 예쁘게 색칠해 보세요.

사람들이 노래하고 춤추는 모습, 운동 경기를 펼치는 모습이 나오던 작은 텔레비전은 정말 마법의 상자 같았습니다.

이것은 마 법 의 상 자 라고 불리는 텔레비전입니다.

위쪽 그림을 보고,
같은 색으로 예쁘게 색칠해 보세요.

글쓰기 활동은 두뇌가 활성화되도록 자극시키는 훈련입니다.

집에 처음으로 텔레비전이 생겼을 때의 기분을 기억하나요?

그 텔레비전은 흑백이었나요, 아니면 컬러였나요?

온 가족이 함께 처음으로 본 프로그램은 무엇이었는지 떠올려 보세요.

그때 느낀 설렘과 감동을 글로 적어 보세요.

기억력 다지기

○ 70쪽 그림 속에 나오는 사람은 총 몇 명인가요?

○ 어릴 적 텔레비전을 함께 보았던 가족들의 이름을 적어 보세요.

어머니:

아버지:

언니:

오빠:

동생:

누나:

○ 아래 단어들 중에서, 그 시절 텔레비전에서 보았던 코미디언의 이름을 찾아 동그라미 쳐 보세요.

구봉서	김일	최불암	배삼룡
도시락	이미자	서영춘	장미꽃
남진	아카시아	패티김	나훈아

다음은 그 시절 텔레비전에 자주 나오던 스타들과 물건입니다. 이름과 직업을 사진과 맞게 연결해 보세요.

김일 ●

● 가수

이미자 ●

● 레슬링
선수

배삼룡 ●

● 코미디언

최불암 ●

● 배우
(<수사반장>
드라마 출연)

11. 사진기(카메라)

졸업식 때 찰칵찰칵 **사진기**로 사진을 찍는 모습은 참 신기했습니다.
친구들 중에 사진기를 가진 아이는 늘 인기가 많았지요.
필름을 맡기고 며칠 뒤 받아 보는 사진은 커다란 설렘을 주었습니다.
사진기는 우리 삶의 특별한 순간을 간직하게 해 주는 **시간**의 **마법사**였습니다.

왼쪽의 설명을 읽고 아래의 빈칸에 알맞은 단어를 적어 봅시다.

1) ☐☐☐ 때 찰칵찰칵 ☐☐☐로 사진을 찍는 모습은 참 신기했습니다.

2) 사진기는 우리 삶의 특별한 순간을 간직하게 해 주는 ☐☐의 ☐☐☐

였습니다.

친구들 중에 사진기를 가진 아이는 늘 인기가 많았지요.

이것은 ☐☐☐ 입니다.

글자를 따라 선을 연결해 보고,
같은 색으로 예쁘게 색칠해 보세요.

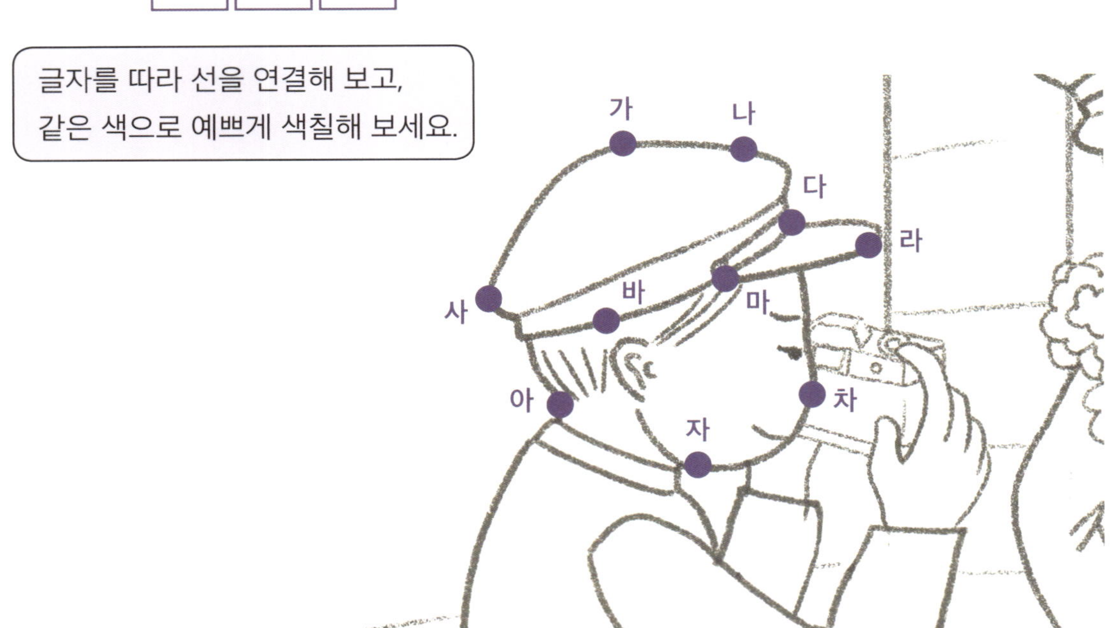

주제 관련 글쓰기

글쓰기 활동은 두뇌가 활성화되도록 자극시키는 훈련입니다.

1. 가족 사진을 찍었던 기억을 떠올려 보세요.
지금 사진을 찍는다면, 누구를 가장 찍고 싶은가요?

2. 나의 졸업식이나 가족(자녀, 손주 등)의 졸업식에 참석했던 일을 떠올려 글로 적어 보세요.

우리 가족 사진을 붙이고, 그날의 추억을 적어 보세요.

(사진 찍은 날, 장소, 함께한 사람들, 기억나는 이야기 등)

1. 이 사진은 언제 찍었나요?

2. 어디에서 찍은 사진인가요?

3. 함께 찍은 가족의 이름을 적어 보세요.

4. 사진을 찍을 때 기억나는 이야기를 적어 보세요.

생각 이어 가기

'사진기'로 삼행시를 지어 봅시다. 삼행시는 세 글자로 된 단어의 각 글자를 첫 글자로 삼아 시를 짓는 두뇌 훈련입니다.

예시 **사진기**

찰칵, 한 번의 소리에
순간이 멈추고 시간이 담깁니다.

웃음도, 눈물도, 그날의 햇살도
작은 네모 속에 고스란히 남았습니다.

잊을까 두려운 추억들이
사진기 안에서 영원한 순간으로 다시 태어납니다.

사:

진:

기:

12. 선글라스

어릴 적 **선글라스**는 영화 속 주인공이나 **멋쟁이**들의 물건이었습니다.
햇볕 아래 선글라스를 쓰면 **세상**이 달라 보여서 신기했지요.
"빨리 커서 어른이 되면 나도 선글라스를 쓰고 멋지게 폼을 잡아야지" 하는 꿈도 있었습니다.
그 시절, 선글라스는 꼭 가져 보고 싶은 동경의 물건이었습니다.

왼쪽의 설명을 읽고 아래의 빈칸에 알맞은 단어를 적어 봅시다.

1) 어릴 적 ☐☐☐☐ 는 영화 속 주인공이나 ☐☐☐ 들의 물건이었습니다.

2) ☐☐ 아래 선글라스를 쓰면 ☐☐ 이 달라 보여서 신기했지요.

왼쪽의 그림을 보고,
같은 색으로 예쁘게 색칠해 보세요.

"빨리 커서 어른이 되면 나도 선글라스를 쓰고 멋지게 폼을 잡아야지" 하는 꿈도 있었습니다. 그 시절, 선글라스 는 꼭 가져 보고 싶은 동경의 물건이었습니다.

이것은 □□□□ 입니다.

위쪽 그림을 보고,
같은 색으로 예쁘게 색칠해 보세요.

글쓰기 활동은 두뇌가 활성화되도록 자극시키는 훈련입니다.

1. 어린 시절, 선글라스를 처음 써 본 기억이 있나요? 그때 어떤 기분이었는지 적어 보세요.

2. 선글라스를 쓰고 가장 가 보고 싶던 장소나 하고 싶던 일이 무엇이었나요? 지금 선글라스를 쓴다면 누구와 함께, 어디에서 쓰고 싶은가요?

기억력 다지기

○ 주어진 단어를 보고, 연관되어 떠오르는 단어를 [보기]처럼 적어 보세요.

보기

설날		
떡국	세배	세뱃돈
윷놀이	만두 빚기	복주머니

사진기		

생각 이어 가기

두뇌 체조를 하면서 노래를 불러 봅시다. 함께 해 볼 두뇌 체조는 양손으로
'무릎 1번 치고, 손뼉 2번 치고'를 반복하는 것입니다.

두뇌 체조

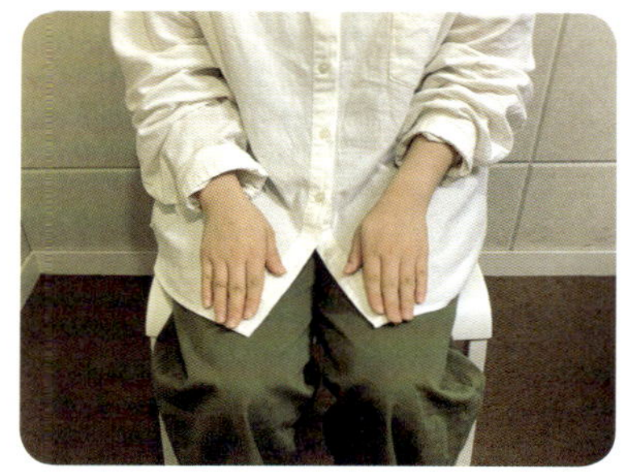 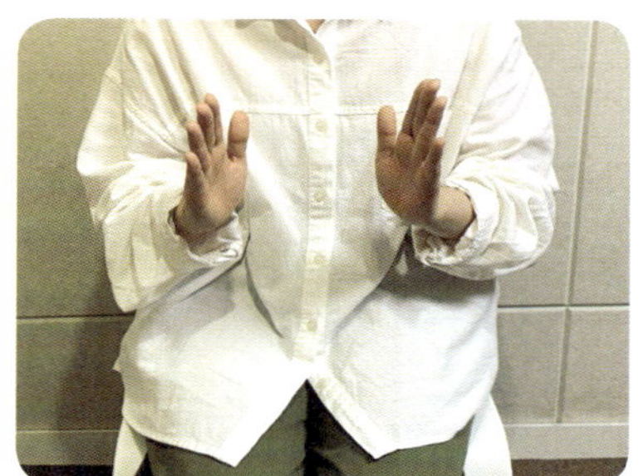 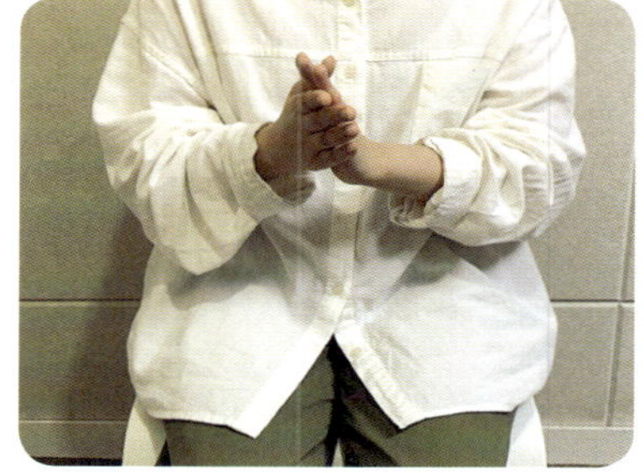

무릎 치기 1번   손뼉 치기 2번

<닐리리 맘보>라는 노래를 큰 소리로 부르며 두뇌 체조를 매일 3회씩 합니다.

'참! 참! 참!'

좋은 말은 꼭 기억했다가 용기 내어 말해 보세요.

1. 참 예쁘네! (참 멋 있네!)

2. 참 잘했어!

3. 참 고마워!

4. 참 맛있네!

매일 3번씩 가족의 얼굴을 바라보며 이야기해 보세요.
매일매일 긍정적인 생각과 표현이 치매를 예방하는 지름길입니다.

이은아 대한민국 100대 명의, 대한신경과의사회 회장 역임, 現 대한노인의학회 이사장, 해븐리병원장

전공의 시절 행동 신경학을 배우면서, 뇌와 사람의 행동에 대해서 관심 갖게 되었다. '하늘 아래 처음 보는 병은 없다. 의사가 못 찾은 것일 뿐'이라는 스승의 가르침을 평생 마음에 새기고 환자를 끝까지 포기하지 않는 마음으로 진료하고 있다. 2008년 환자를 위해 마음껏 진료할 수 있는 병원, 천국 같은 하늘 마을, 해븐리병원을 개원했다. '병을 치료하는 것이 아니라, 치매 환자의 삶을 치료하는 것'임을 깨닫고, 때론 치매 환자와 함께 먹고 자고 생활하면서 다양한 방법으로 치료를 시도해 왔다. 치매 환자와 가족들은 그를 '치매 분야의 야전 사령관'이라 부른다. 특히 치매 환자들의 뇌기능을 회복하기 위해, 아직 치매로 진행되지 않은 경도인지장애 분들의 뇌를 자극하기 위해 꼭 필요한 활동을 모아 이 책을 만들었다. 실제 병원에서 환자들의 치료에 사용하면서 긍정적인 효과를 많이 경험했다. '치매는 치료가 안 된다'는 선입견과 의학적 지식의 틀을 깨고 '치매도 치료할 수 있다. 예방하고 평생 관리하는 병이다!'라는 것을 이 치료들을 통해서 증명했다.

그림 김현경

덕성여자대학교에서 동양화를 공부하고, 숙명여자대학교 대학원에서 미술교육학으로 석사학위를 받았다. 주식회사 바른손에서 일러스트레이터로 수년간 근무했으며 지금은 어린이를 위한 그림책, 성인을 위한 컬러링북, 교과서 삽화와 우체국 달력 등 일상의 여러 장면 속에 스며드는 그림을 그리고 있다. 한국과 미국 텍사스 오스틴에서 아이들을 가르치며 그림이 주는 즐거움과 위로를 함께 나누기도 했다.

재미있는

백년 뇌 운동 내가 갖고 싶던 것들

초판 1쇄 인쇄 2026년 2월 3일
초판 1쇄 발행 2026년 2월 24일

지은이 이은아
그림 김현경
펴낸이 이범상
펴낸곳 (주)비전비엔피 · 이덴슬리벨

기획 편집 차재호 김승희 김혜경 한윤지 박성아
디자인 김혜림 이민선 인주영
마케팅 이성호 이병준 문세희 이유빈
전자책 김희정 안상희 김낙기
관리 이다정
인쇄 새한문화사

주소 우) 04034 서울특별시 마포구 잔다리로7길 12 (서교동)
전화 02) 338-2411 | **팩스** 02) 338-2413
홈페이지 www.visionbp.co.kr
인스타그램 www.instagram.com/visionbnp
이메일 visioncorea@naver.com
원고투고 editor@visionbp.co.kr

등록번호 제2009-000096호

ISBN 979-11-91937-73-2 04060